MÉMOIRE

EXPOSITIF

De faits personnels au Commissaire-Ordonnateur en chef de l'Armée de réserve, lors du rassemblement qui a eu lieu à Soissons, & dont la connoissance est nécessaire pour juger quelques parties de son Administration.

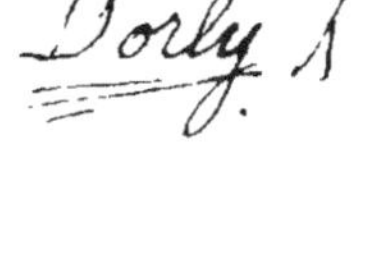

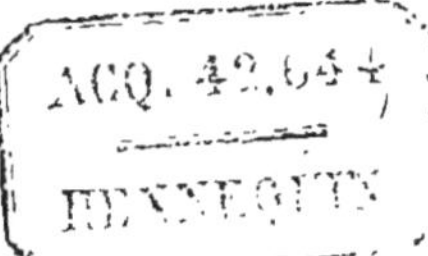

A SOISSONS,

DE L'IMPRIMERIE MILITAIRE.

M. DCC. XCIII.

MÉMOIRE

EXPOSITIF

De faits personnels au Commissaire-Ordonnateur en chef de l'Armée de réserve, lors du rassemblement qui a eu lieu à Soissons, & dont la connoissance est nécessaire pour juger quelques parties de son Administration.

AU milieu des grands intérêts qui nous occupent, & malgré la rapidité des événements qui absorbent l'attention générale, je suis forcé d'écrire quelques lignes sur des circonstances qui me sont personnelles, parce qu'elles ont une influence directe sur l'administration importante qui m'a été confiée depuis le mois de juillet dernier. Ceux qui voudront bien lire cet Écrit, jugeront des motifs de sa rédaction, & sentiront, sans doute, qu'il n'est pas quelquefois possible d'échapper à la triste nécessité de parler de soi un moment.

Je n'étois point neuf pour la révolution lorsqu'elle voulut régénérer la France, il y a

A

quatre ans. C'eſt dans l'étude de l'antiquité qu'on apprend à croire à l'exiſtence d'un peuple libre. Cette manière de voir & de ſentir, peu répandue dans le pays où j'étois alórs employé, me détermina, en août 1789, a développer quelques idées ſur la liberté, dans un diſcours lu & imprimé à trois cents lieues de la Capitale, ainſi que dans un autre ouvrage que je compoſai ſur l'Adminiſtration militaire ; qui fut envoyé, la même année, à l'Aſſemblée conſtituante. (*) On doit ſe rappeller en général, que les idées de liberté, dans les premiers temps de la révolution, & notamment il y a deux ans encore, n'étoient ſenties & goûtées que par peu de perſonnes. Auſſi ſouvent mal jugé par ceux qui m'entendoient raiſonner, & dans une carrière dont l'avancement étoit ſoumis aux préventions d'un Miniſtre & de ſes Agents, on me priva dans une circonſtance intéreſſante d'une récompenſe que mes ſervices & mon ancienneté m'avoient méritée, parce qu'on ſuppoſoit que j'avois, ſur le ſyſtême de cette liberté, des idées exagérées. Il fallut ſe conſoler de cette injuſtice paſſagère, dans l'eſpoir qu'elle auroit

---

(*) Voyez les Pièces juſtificatives, N.º 1 & 2.

un terme, & qu'une fois mieux connu, on ne
me croiroit pas peut-être des fentiments fi
contraires à la pureté de mes principes ; ce
qui arriva. Tous les Miniftres qui, depuis le
mois de décembre de l'année 1791, conduifi-
rent le Département de la guerre, cherchèrent
à dédommager celui qu'on avoit méconnu. Ils
me chargèrent chacun, l'un après l'autre, (*)
de la compofition d'une inftruction concernant
les Loix militaires judiciaires, ainfi que de la
rédaction d'un Code élémentaire, concernant
les fonctions des Commiffaires des guerres.
Ces travaux, qui furent ceux de plufieurs
mois, produifirent deux *in-4°.*, dont les im-
primés ont été remis au Comité militaire de
l'Affemblée légiflative, ainfi qu'un autre ma-
nufcrit dépofé dans les Bureaux de la guerre,
où le fervice des Commiffaires des guerres eft
traité dans tous les détails.

Lorfque le Camp de Soiffons fut décrété,
on me propofa d'en conduire l'adminiftration.
Il étoit facile de préfumer dès cet inftant,
qu'elle éprouveroit des contradictions & des
difficultés ; auffi réfiftai-je quelque temps ; mais
il me fut témoigné tant de confiance, on

(*) Voyez les Pièces juftificatives. N.° 3 , 4 , 5 & 6.

prouva si bien l'utilité dont pourroit être pour la chose publique, dans cette administration, celui qui donneroit tous ses soins à la conduire, que j'acceptai la place de Commissaire-général de ce Camp. Je puis dire qu'en l'acceptant, je devançai alors tacitement un serment consacré depuis par l'Assemblée législative, celui de mourir au poste qui venoit de m'être confié. Je ne dissimulerai pas non plus que je m'y présentois fort d'une probité éprouvée, de moyens acquis pendant près de quarante années de service, & des preuves que j'avois faites depuis la révolution, de mon dévouement à la chose publique. (*) Arrivé à Soissons, dans les premiers jours de juillet, après y avoir rassuré quelques esprits que le rassemblement d'hommes annoncé avoit allarmés, rendu ensuite au Département où mes ordres furent enregistrés, je parcourus rapidement toutes les villes environnantes pour y préparer des cantonnements, trouvant par-tout les Corps administratifs empressés à seconder ces dispositions, & à être utiles aux défenseurs que les dangers de la Patrie alloient nous amener. Il faut observer qu'il n'y avoit,

---

(*) Voyez les Pièces justificatives. N.º 7 & 8.

ni à Soiffons, ni dans la latitude, que par
mes inftructions il m'étoit prefcrit de par-
courir, aucuns préparatifs, aucuns établiffe-
ments militaires. Les emplacements néceffaires
à tous les fervices furent en conféquence,
avant mes courfes, choifis & décidés ; Vivres,
Hôpitaux, Magafins ; & lors de mon retour à
Soiffons, il y étoit déjà parvenu une partie
des objets néceffaires à nos armées, excepté
ceux qui dépendoient du travail de l'aiguille.
La nature de ce travail en juftifie aifément le
retard. Pour exciter cependant la vigilance de
l'Adminiftration, je ne ceffois d'envoyer différents courriers au Miniftre & aux Bureaux
de la guerre. On avoit déjà bien fourni tout
ce qui étoit néceffaire en fubfiftances de toutes
efpèces, pain, viande, vinaigre, eau-de-vie,
ainfi qu'en objets relatifs au fervice des hôpitaux ; mais nous n'avions point encore, dans les
derniers jours de juillet, dans les magafins, ni
fouliers, ni bas, ni chemifes, ni habits, ni tentes,
ni facs à diftribution, &c. Effets dont il étoit
aifé de preffentir bientôt l'urgente néceffité.

Le Citoyen *Chadelas*, Adjudant-général employé au Camp, étoit arrivé à la moitié de
ce mois pour s'occuper, avec moi, de l'organifation des Bataillons, opération qui eut lieu,

pour la première fois, le 23 juillet. Nous avions été prévenus par le Miniſtre de la Guerre de l'arrivée, pour ce jour-là, de 600 hommes environ, expédiés de Paris ; il s'en étoit déjà raſſemblé à Soiſſons près d'une centaine ſortis des Départements environnants, qui, après avoir célébré dans leurs domiciles la Fête de la Fédération, venoient pour s'incorporer dans les Bataillons qui devoient compoſer le Camp. Il ſe préſenta donc, le 23, dans cette Ville, 600 Fédérés à peu près, marchant ſur une route. Le même jour & le ſuivant, les ordres du Miniſtre confirmèrent l'arrivée ſubite de la même quantité ; mais depuis le vingt-cinq, il ne fut plus adreſſé d'ordre ou d'avis : auſſi à dater de cette époque n'a-t-il pas été poſſible de compter. On ſe rappelle le mouvement que fit Paris ſur la fin de ce mois, & le grand nombre d'individus qu'il verſa en peu de jours ſur cette Ville, en ſorte que les Fédérés continuoient d'y abonder ſans que perſonne en fût prévenu. Il s'en préſentoit quelquefois 1500 ou 2000 à la fois ; enfin, depuis le 23 juillet juſqu'au 2 août, ils étoient au nombre de plus de 6000, & vers le 10 août, c'eſt-à-dire, en moins de quinze jours, il y avoit déjà douze Bataillons organisés.

Il faut donner une idée exacte du travail de cette formation pour en apprécier les fatigues. Elle étoit confiée à deux seules personnes, l'Adjudant - général *Chadelas* & moi, tandis qu'une opération aussi longue & aussi détaillée auroit demandé huit Agents de plus. Voici le mode que nous avions établi. Le premier jour de leur arrivée, les Fédérés recevoient l'étape ; le lendemain, à six heures du matin, ils étoient rassemblés dans le jardin du District, on leur lisoit les loix ; après quoi ils étoient partagés en portions égales & suffisantes pour faire des Compagnies, & ces portions placées à différents intervalles, procédoient à la nomination d'un Capitaine, d'un Lieutenant, d'un Sous - lieutenant, d'un Sergent-major, de deux Sergents & de quatre Caporaux : le tout au scrutin individuel & à la majorité absolue des suffrages pour les quatre premiers grades, & à la pluralité relative pour les six autres. Cette nomination toujours difficultueuse, souvent disputée, duroit au moins huit ou neuf heures, & pendant ce travail il n'étoit pas possible que les Fédérés ou Volontaires s'occupassent de leur subsistance, n'ayant d'ailleurs encore ni Officiers ni

Sous-officiers pour affifter aux diftributions de pain & de viande, décider la force de la livraifon en raifon des hommes, & pourvoir aux objets de première néceffité pour établir des ordinaires. Dans la durée cependant de leurs fcrutins, il falloit appaifer leur faim & leurs murmures, les uns demandoient du pain, les autres, des bas, des fouliers, des vêtements, des armes ; prefque tous l'indemnité qui leur étoit due pour frais de route. Ne pouvant les fatisfaire fur une partie de ces demandes, il falloit fpécialement s'occuper de pourvoir à leur fubfiftance pour le temps de leur organifation. Il fut arrêté en conféquence entre nous que, pendant fa durée, il feroit donné à chacun des Fédérés vingt fous par jour, dont la moitié feroit payée en numéraire, & l'autre en affignats. Cette difpofition pécuniaire dont il fut rendu compte au Miniftre, n'eut lieu, quant à fa force, que pour les feize premiers Bataillons ; car il prefcrivit de ne leur donner que quinze fous en remplacement d'étape : difpofition qui fut fuivie auffitôt que connue.

La diftribution de ces vingt fous impoffible à exécuter par le Tréforier militaire, fe faifoit prefque toujours fur le terrein. Les

Capitaines qui venoient d'être nommés, en déclarant le nombre d'hommes dont leur Compagnie étoit compofée, donnoient leurs reçus de la fomme délivrée ; mais malgré l'attention la plus exacte à compter les hommes & à éviter les erreurs, on étoit obligé d'en rectifier fur le champ, en confrontant le procès-verbal de formation avec leurs déclarations. Il faut obferver relativement à ces procès-verbaux, qu'il a été impoffible quelquefois d'en rédiger, à raifon de la quantité d'individus, de la longueur des nominations, & de mille autres obftacles que la circonftance amenoit, & qu'on ne peut pas énumérer.

La nomination individuelle des Officiers terminée, on procédoit à celle de l'État-major des Bataillons, en réuniffant huit Compagnies à celle des Grenadiers. L'action de chacune de ces Compagnies pour cette nomination, entraînoit encore bien des difficultés & des longueurs. L'État-major établi & reconnu par la troupe, le Bataillon affermenté, on fe réuniffoit dans une chambre particulière pour former le Confeil d'adminiftration. Cette opération, quoique n'étant pas faite fur le terrein, prenoit un temps confidérable. Il falloit entrer dans tous les détails qui font de la

compétence du Conseil d'adminiſtration; en
preſcrire le mode, en montrer l'action, parler
enfin de comptabilité & d'adminiſtration à des
hommes qui, ſouvent privés d'étude, ne reſ-
piroient que les camps, ne concevoient que
des mœurs militaires, n'avoient pas imaginé
qu'il y eût autre choſe que de manier ſon arme
& de marcher contre l'ennemi, & voyoient
avec quelque peine qu'ils devoient s'occuper
d'un travail qui demande de l'économie, de
la méthode, & une connoiſſance générale des
calculs. Ces embarras d'organiſation que je
viens de détailler, ſe multiplièrent bientôt
ſous tous les rapports, en raiſon de la quantité
de Fédérés qui accouroient à Soiſſons, &
de l'immenſité de leurs beſoins. La plupart
arrivoient preſque nuds, & quoique les envois
des effets militaires fuſſent faits progreſſive-
ment, on ne pouvoit délivrer, par chaque
Bataillon, que peu de chemiſes, peu d'habits, peu d'armes. Des hommes, fatigués
par de longues routes, qui ne trouvoient
point à Soiſſons ce dont ils avoient beſoin,
laiſſoient éclater leur juſte impatience & leurs
murmures. Ils pourſuivoient de leurs clameurs,
de leurs reproches les deux ſeuls Agents qui
erroient au milieu d'eux pour tâcher de les

appaiſer : c'étoit l'Adjudant & le Commiſſaire-général. Il y a plus, j'étois obligé moi-même de courir de tous les côtés pour tâcher de contenir une multitude d'hommes crédule & mécontente, tantôt à l'Hôpital où les Officiers étoient menacés, ſouvent aux fours du Munitionnaire, pour empêcher que ſes ouvriers & lui-même ne devinſſent victimes d'un reſſentiment excité par de perfides agitateurs. C'eſt dans cet eſprit qu'ayant été averti un matin que 400 hommes marchoient aux fours, j'y courus ; j'eus le bonheur de les joindre, lorſque, rempliſſant l'air de leurs cris, ils étoient prêts de dépaſſer la rue des Minimes, voiſine de ces fours, & me préſentant ſur leur paſſage, j'oſai le leur fermer, je les haranguai, les arrêtai, & les fis changer de deſſein. Ces faits ſont notoires & avérés dans toute la ville.

Cet événement fut ſuivi d'un autre dont les ſuites auroient pu être également funeſtes, je parle du pain de munition. Nous étions, le 2 août, l'Adjudant-général & moi, à onze heures du matin, dans le jardin du Diſtrict, au milieu de 1500 hommes arrivés la veille pour chercher à former des Compagnies, lorſque les deux premiers Bataillons organiſés

depuis plusieurs jours, vinrent tumultueuse-
ment nous porter leurs plaintes, leurs murmures, & le défir qu'ils avoient de fe venger,
en ajoutant qu'il y avoit un projet formé de
faire périr les Soldats patriotes ; que le pain
dont on les avoit nourris jufqu'à préfent,
étoit très-mauvais. (En effet, on s'en étoit
plaint fréquemment, mais ces plaintes ne
furprenoient pas, parce que le pain étoit
bon ; mais comme dans ce temps-là il étoit
encore chargé de tout le fon, c'étoit une
nourriture peu agréable pour des hommes
qui venoient, la plupart, d'une ville où l'individu de la dernière claffe mange du pain
blanc.) On me préfenta pour la preuve de ces
machinations fuppofées, quelques pains de
munition ouverts, où je reconnus à la vérité
non du verre pilé, mais des fractures de
verre de deux, trois & quatre lignes. On
m'en demanda acte, & je fus en conféquence
obligé de rédiger, fur le champ, un procès-
verbal qui fut envoyé dans la même heure
par un courier avec les pains cachetés au
Miniftre de la Guerre & à l'Affemblée légiflative. On fait la fenfation que produifit dans Paris
cette dénonciation ; elle nous avoit caufé ici
les plus vives allarmes, puifqu'elle expofoit les

Fédérés, l'Adminiftration, fes Agents & nous-mêmes à des dangers certains, à des reffentiments qui pouvoient devenir funeftes. Heureufement il arriva le lendemain 3, à *Soiffons*, les Citoyens *Carnot*, *Gafparin* & *Lacombe-Saint-Michel*, Députés à l'Affemblée légiflative, qui étoient en tournée. Ils examinèrent par eux-mêmes la caufe de cet accident, en rendirent compte à l'Affemblée, juftifièrent tous ceux qui avoient été inculpés, & appaisèrent, tant ici qu'à Paris, les efprits qui, ayant pris des notions fauffes de cette malheureufe circonftance, en avoient déduit les conféquences les plus allarmantes. On fe rappelle le rapport que ces Députés en firent à l'Affemblée légiflative, il a été imprimé dans toutes les feuilles. Il nous fera fans doute permis de citer de ce rapport, (*) ce qui eft perfonnel à l'Adjudant-général & à moi. Ces Députés m'avoient demandé un compte exact de ma geftion depuis le mois de juillet. Ils avoient vu une partie de nos peines ; notre pofition, notre conduite, nos principes les avoient intéreffés, auffi ils s'expliquèrent avec autant de franchife que de loyauté fur le

---

(*) Voyez le Moniteur, le Logographe & les autres Ouvrages périodiques, depuis le 1 août jufqu'au 10.

compte du Citoyen *Chadelas* & fur le mien, en difant fur-tout qu'il n'y avoit que deux hommes pour conduire une opération fi vafte cependant dans les détails & fi difficultueufe, qu'elle *demanderoit quatre hommes de plus, pour ne pas épuifer leurs forces phyfiques & morales.*

Sur mes inftances réitérées auprès du Miniftre, il étoit arrivé depuis quelques jours un Commiffaire des guerres, le Citoyen *Renard*, employé depuis longues années dans le Département de Paris. Je lui avois donné la police de l'hôpital monté depuis peu de temps, celle des fubfiftances & celle des magafins pour les effets militaires qu'on étoit obligé de difféminer dans la ville de Soiffons, parce que ces magafins, quoique très-étendus, devenoient chaque jour trop étroits, rélativement à la quantité d'effets qui arrivoient fouvent avec trente ou quarante voitures à la fois. Cette furveillance l'occupoit tout entier, & ne lui permettoit pas de travailler avec moi à l'organifation des Bataillons.

J'avois été obligé d'en verfer une partie dans les cantonnements environnants, ce qui néceffitoit une correfpondance nouvelle avec les Corps adminiftratifs, les Commiffaires des Guerres des divifions voifines, les Confeils d'adminiftration des Bataillons, ainfi qu'avec tous les Agents très-multipliés attachés aux différentes claffes de l'Adminiftration militaire. Les courriers fréquents qui arrivoient de jour & de nuit, les difficultés fans ceffe renaiffantes qu'on nous propofoit à réfoudre, les demandes, prefque toujours indifcrètes, dont on nous accabloit, les rétributions injuftes que quelques-uns vouloient exiger impérieufement, les éclairciffements, les inftructions qu'il falloit donner, ne nous laiffoient aucun repos. J'avois démontré de mon côté évidemment l'impoffibilité phyfique de pouvoir conduire les détails de cette adminiftration, même d'en rendre jamais compte, fi on ne venoit à mon fecours, lorfqu'enfin le Commiffaire des guerres *Viguier Curny* fut envoyé à Soiffons. Il faut ici lui rendre une juftice particulière, non par une fuite du fentiment qu'infpire fon malheur, mais parce que je dois ce tribut à la vérité. Ce Commiffaire employé à Paris, avoit eu fous fa police la Garde Nationale foldée depuis fa création. Il entendoit parfaitement le détail des revues ainfi qu'à former l'organifation d'une troupe. Sévère dans fes principes, ferme fur la loi, un peu brufque, par conféquent plein de franchife & de probité, il réfiftoit

courageusement aux demandes abusives, &
qui visoient à la dilapidation ; enfin, c'étoit
un homme excellent pour le genre de travail
qui nous étoit confié. Quand il fut arrivé, je
le laissai organiser sur le terrein. Rendu à la
besogne du cabinet, je suivis mes bureaux
avec plus d'activité, en tâchant d'éclairer tous
les détails de cette gestion, & de l'appuyer
des pièces justificatives. Le mois d'août fut
employé à la formation des dix-sept Bataillons
de Fédérés qui furent distribués dans les cantonnements qui leur avoient été préparés,
tandis qu'on donnoit les ordres nécessaires &
qu'on faisoit les dispositions provisoires rela-
tives au Camp projeté. Il faut encore resserrer
ici en peu de mots les détails que j'ai déjà
donnés sur la formation des Bataillons, pour
conserver une idée bien précise de l'étendue
de nos travaux & de leur difficulté. Organiser,
discipliner, armer, vêtir en tout genre des
hommes qui manquoient de tout ; les instruire,
les contenir, faire donner à chacun ce que
la loi leur accordoit en indemnité, tandis
qu'en moins de deux mois, le nombre s'éle-
voit à plus de trente mille, dans un pays qui
n'offre aucune ressource, & où le vingt-trois
juillet, il n'y avoit pas un seul effet militaire,
contrariés,

contrariés, harcelés fans ceffe par des agitateurs
qui fe mêlent par-tout pour nuire à la chofe
publique : voilà le problême que nous avions
à réfoudre. Il faut fe reffouvenir de plus,
qu'excepté le nombre de quinze cents dont
les ordres pour leur route furent adreffés
fur la fin du juillet, il n'en parvint aucun
depuis cette époque, & qu'il s'en préfenta
à peu près trente mille fans qu'aucun ordre
eut prévenu leur marche, ce qui tenoit ici
dans de cruelles incertitudes, & forçoit à des
préparatifs continuels. Qu'on juge actuellement
de la tenfion continuelle de l'efprit d'un Admi-
niftrateur, afin qu'aucun fervice ne manque,
& que les hommes qui étoient déjà à Soiffons,
ou que ceux qui y arrivoient tous les jours,
ne trouvent aucuns motifs de plainte. Cette
réunion a produit quarante-fept Bataillons &
cinq Compagnies.

Depuis le premier août, il paffoit fréquemment par cette ville, des Députés de l'Affemblée
légiflative, dont la préfence, les bons propos,
les confeils & les exhortations aux Troupes,
contribuèrent à appaifer les mécontents. Ils
nous témoignoient, à l'Adjudant-général & à
moi, la confiance la plus encourageante. D'un
autre côté nous trouvions une forte de foulage-

ment à voir accourir de toutes les parties de la France des hommes, de tout âge, de toute profession, inspirés par le défir de fauver la Patrie en danger. Les habitants des campagnes fur-tout, préfentoient quelque chofe de plus attendriffant que ceux des villes ; leur fimplicité ruftique paroiffoit n'avoir pu concevoir que ces deux feules idées, VIVRE LIBRE OU MOURIR, c'étoit là les deux feules affections qui décéloient les facultés de leur ame, & ils mettoient tant de naïveté, tant d'énergie à les développer, que l'on fe furprenoit quelquefois affecté jufques aux larmes.

Le mois d'août fe paffa dans cette continuelle viciffitude de peines, de tracafferies & d'altercations. Le travail du Commiffaire *Curny* étoit d'un grand foulagement pour le Commiffaire *Renard* & moi, nous nous félicitions de l'avoir pour coopérateur, lorfqu'un événement affreux vint nous en priver. Je dois m'étendre fur les détails de fon arreftation & fur fes fuites déplorables, parce qu'elles me deviennent perfonnelles.

C'étoit le 28 août, à huit heures du foir ; l'organifation complette d'un Bataillon étoit terminée, il y avoit encore le procès-verbal à rédiger & le ferment à prononcer, mon Confrère reſtoit ſur le terrein pour remplir ces deux objets. Je me rends chez moi ; un quart d'heure après, un Exprès de la Municipalité ſe préſente pour que je vienne faire prêter le ſerment au Bataillon qui eſt ſur la place, & qui attend. Je ne pouvois concevoir pourquoi cette formule n'étoit pas encore remplie, ni pourquoi c'étoit la Municipalité qui m'en prévenoit. Monté à la Maiſon commune pour m'en éclaircir, l'Officier municipal qui eſt en permanence m'apprend que le Commiſſaire *Curny* vient d'être arrêté, que l'on met le ſcellé ſur ſes papiers. Cette nouvelle me terraſſe ; mon premier mouvement eſt de me rendre chez lui. Je cours, je me préſente à la porte, je ſuis prêt à frapper. Un particulier que je ne connois pas, m'aborde, arrête ma main, en me diſant : » Votre » Confrère eſt arrêté, je l'ai vu, il y a » dans la cour ſix hommes armés, je l'ai » bien entendu, on vous demande, ou vous » cherche, retirez-vous, je vous le conſeille, « & il me laiſſe ſans que je puiſſe proférer une parole, étourdi de deux coups imprévus, & portés preſqu'à la fois ; ému juſques aux larmes du procédé obligeant de l'inconnu, de l'abandon où va ſe trouver mon Confrère, du danger que je crois courir; j'erre quelque temps dans les rues, incertain de ce que je dois faire; mais bientôt me repliant fur moi-même, je m'interroge, je vois que ma confcience eft pure fous tous les rapports; mon adminiftration ?... Je tâche d'en diriger les fils avec le plus d'ordre & d'économie qu'il m'eft poffible; mes idées politiques ?... Je ne m'occupe d'aucunes, je n'en ai pas le temps, je fuis le vœu de la majorité, je n'ai point de correfpondance indifcrète. Errant ainfi à l'avanture fans avoir d'objets déterminés, je me trouve fans m'en appercevoir, à la porte d'une maifon où réfide une honnête famille. J'entre; plufieurs voix s'écrient : On eft venu vous chercher cinq fois ;... votre Confrère eft arrêté... Mais quelle feroit donc la caufe de tous ces malheurs ? En voudroit-on auffi à votre liberté ?........ Et je vois dans les accents de cette famille dont je fuis entouré, les expreffions de la douleur......... M'arracher à cette fcène, retrouver mon courage fort du témoignage de ma confcience, produire le même effet fur tout ce qui m'environne, fut l'affaire d'un inftant. A peine ai-je fait quelques pas, rencontrant une troupe de Militaires, que je fuppofe être la Gendarmerie nationale , C'eft-moi, m'écriai-je, en m'approchant, & je me trouve au milieu des Officiers du Bataillon que nous venions de former, qui me cherchoient, & qui me prioient de les accompagner chez le Payeur de la Guerre, pour les mettre d'accord enfemble. J'y cours avec eux, fans rien manifefter de l'angoiffe qui me tourmente ; le tout terminé à leur fatisfaction, replacé dans la rue qui conduit à la maifon de mon infortuné Confrère, je me trouve encore entouré des Commis de mes bureaux, qui me fatiguent de la répétition de l'arreftation de *Curny*, des recherches qu'on fait de ma perfonne depuis une heure, du danger que je puis courir fi je me préfente, (danger qui ne devroit pas être la récompenfe de mes peines,) chacun fuivant fon âge & fa fenfibilité, me donnoit des confeils qui caractérifoient l'intérêt & l'effroi. Il faut encore s'arracher à ces nouvelles inftances, en leur faifant comprendre qu'il eft de mon devoir & de mon honneur de me préfenter. Je m'échappe, je cours à l'appartement de *Curny*, je monte précipitament. Il vient à moi, m'embraffe & me dit : » Je » vous fais chercher depuis une heure ; « ce

mot explique tout. » On a cru rédiger l'in-
» ventaire de mes papiers ; il eſt bien ou
» mal fait, n'importe, ſignez-le ; je pars, je
» reviens dans peu ; conſolez-vous ; je vais
» prouver mon innocence ; on n'aura rien à
» reprocher à un Electeur de 1789. « Raſſuré
par ſa confiance, conſolé par ſon courage &
ſa probité, je le quitte avec moins de peine
que je ne l'avois cru, en le recommandant
aux perſonnes entre les mains deſquelles il
va paſſer. Malheureux ! . . . . . Il me parloit
de ſon retour ; il ne ſavoit pas que quelques
jours après . . . . Rentré chez moi, je
cherchois à me remettre des ſecouſſes violen-
tes que je venois d'éprouver, lorſque mes
Secrétaires rentrèrent l'un après l'autre en
me diſant que ceux qui avoient arrêté M.
Curny, avoient fait entendre que ce ſeroit
bientôt mon tour. D'autres perſonnes me vinrent confirmer la même dépoſition, & leurs
relations s'accordèrent tellement enſemble,
qu'à peine échappé à un danger qui n'avoit
pas exiſté, il fallut encore ouvrir mon âme
à la crainte d'un danger certain. La nuit s'en
reſſentit ; mais rappellé dès le grand matin à
des fonctions qui doubloient par la perte que je
venois de faire, je repris mon travail ; cependant

au milieu des occupations diverfes qui m'ab-
forboient, je me rappelle que j'étois faifi d'un
mouvement involontaire ; je me furprenois
agité de convulfions douloureufes ; il fembloit
que je preffentiffe que j'aurois des larmes
à verfer fur le fort de mon Confrère. Nous
fûmes bientôt que dans fa route, expofé aux
huées, aux railleries & aux menaces, efcorté
cependant jufqu'à Paris, il étoit arrivé affez à
temps pour groffir la lifte déplorable des victimes infortunées du deux feptembre. Cette
nouvelle me fit comprendre davantage les dangers que j'avois courus & ceux qui pouvoient
m'atteindre encore, fi l'annonce qu'on m'avoit
faite alloit fe réalifer. Mais la diverfité de mes
occupations, le détail d'un Camp qui venoit
de fe former, où on voyoit déjà 5 à 6000
hommes fous la toile, m'arrachoient à toutes
ces réflexions ; j'y fus cependant ramené
malgré moi par plufieurs circonftances & je fuis
forcé d'en rapporter une le plus brièvement qu'il
me fera poffible. Occupé un matin à un dé-
compte fatiguant, on vint me dire que la
voiture qui avoit conduit *Curny* à Paris étoit
à Soiffons, ainfi que les perfonnes qui l'avoient
arrêté. J'avouerai que je fus faifi d'une frayeur
involontaire. Je me figurois qu'une arreftation

dans ces moments, étoit une fentence de mort.
Quoique je fuffe depuis long-temps accoutumé
à ne pas la craindre ; quoiqu'en acceptant une
fonction publique fi difficile, j'euffe calculé
que dans des temps de révolution il falloit
être difpofé au facrifice de fa vie ; quoique
j'euffe prouvé que je favois la prodiguer,
je me rappelle que je ne me trouvai point un
inftant affez de courage contre la hache du Lic-
teur. Tout ce qui m'entouroit s'en apperçut,
en forte qu'un Commandant d'un Bataillon
que j'avois organifé, homme ferme, inftruit,
bon patriote, qui connoiffoit mes fentiments
politiques, s'offrit d'être mon défenfeur, &
me propofa un afyle au milieu de fon Bataillon. On juge bien que je n'acceptai point
de pareilles offres qui auroient pu avoir les
fuites les plus fâcheufes. Décidé à ne pas
être la caufe d'un mouvement dangereux dans
le Camp, je me référai à la feule propofi-
tion qui me convint ; ce fut que cet Officier fupérieur ne me perdroit pas de vue,
& que dans le cas où je ferois conduit à
Paris, par fes relations avec l'Affemblée légiflative, concertées avec les miennes, il tra-
vailleroit à ma délivrance. Heureufement cette
journée fe paffa fans accident. La voiture

repartit avec les personnes qu'elle avoit amé-
nées, sans que nous ayons jamais su les motifs qui les avoient conduites à Soissons.

Je ne retracerai point ici quelques-unes de
ces scènes sanglantes qu'il faut ensévelir dans
un éternel oubli, & sur lesquelles ont gémi
les amis de la Liberté, de la Patrie, des Loix
& de la Discipline militaire. Je dirai simple-
ment que les Membres du District & de la
Municipalité de Soissons, unis à l'État-major
du Camp, se montrèrent dans les occasions
périlleuses avec autant de courage que de
patriotisme, & l'on verra dans les pièces justificatives un certificat de la Municipalité de
cette Ville, (*) qui rend en ma faveur ce
témoignage consolant d'avoir pu contribuer à
sauver deux victimes innocentes.

On concevra aisément que toutes ces atta-
ques faites contre ma sûreté, toute cette
quantité d'hommes qui inondoit continuelle-
ment mon cabinet & mes bureaux, me cau-
sèrent de fréquentes agitations, & que mon
travail nécessairement dut s'en ressentir. Il
arrivoit souvent, qu'étant appliqué à des
objets qui demandoient de la méthode & de la

____

(*) Voyez les Pièces justificatives. N.º 9.

réflexion, j'étois importuné par dé bruyantes pourfuites, ou affailli par des demandes fouvent indifcrètes, & auxquelles je ne pouvois me dérober, en forte que les journées fe paffoient en queftions, follicitations & réponfes qui ne nous laiffoient pas même le temps des repas. Auffi il ne paroîtra pas furprenant que je n'aie pu fuivre, avec un ordre conftant une activité régulière, fur-tout dans le courant de feptembre, les détails d'une adminiftration compliquée qui demande tranquillité & confiance. Ce n'eft pas que les Miniftres, dès le mois de juillet, ne m'en ayent montré conftamment une entière, & notamment le Miniftre *Servan*, à qui, dans les premiers jours de feptembre, j'avois communiqué les dangers dont j'avois été environné. Depuis le 4 de ce mois, jufqu'au 13, (*) j'ai reçu plufieurs de fes lettres, dans lefquelles, rendant à mes fervices les meilleurs témoignages, il cherche à rétablir ma tranquillité fur la connoiffance que l'on a de mes principes & de mon patriotifme.

Ces réponfes encourageantes, l'amour de la chofe publique, nos efforts conftants pour ramener l'ordre, la continuité & la diverfité de nos

---

(*) Voyez les Pièces juftificatives. N.º 10, 11 & 12.

travaux, les propos bien accentués de nos bra-
ves Volontaires, qui ne nous demandoient des
armes & des vêtements, que pour courir à
l'ennemi, le voisinage des armées étrangères
qui sembloient vouloir pénétrer dans le cœur
de l'Empire, les reſſources de tous les genres
que jour & nuit nous faiſions conduire à nos
frères d'armes, qui ſe dirigeoient ſur leurs
paſſages, à Rheims, Rethel, Ponſaverger, le
Chêne-le-Populeux & Chaalons, toutes ces
occupations faiſoient diverſion aux impreſſions
douloureuſes que m'avoit cauſées la perte de
mon Confrère, & les dangers dont j'étois moi-
même menacé. Il faut répéter encore que les
Députés de l'Aſſemblée Légiſlative qui venoient viſiter le Camp de Soiſſons, nous mar-
quoient intérêt & bienveillance. (*) Il en étoit
de même des Commiſſaires du Conſeil exécutif
proviſoire, qui parurent alors dans nos armées, & dont pluſieurs paſſèrent avec nous le
mois de ſeptembre. Ils étoient ſpectateurs de nos
fatigues journalières, de notre réſiſtance continuelle à des demandes qui n'étoient ſouvent que
des dilapidations ſimulées, de ces contrariétés
ſucceſſives, prolongées & fatiguantes, qui en
affaiſſant l'eſprit, donnent au caractère plus

(*) Les Citoyens *Quinette*, *Bodin*, *Iſnard*, *Brouſſon-
net*, *Kerſaint*, *Antonelle*, *Péraldy*, &c.

d'activité. Nous nous applaudissions de les avoir pour témoins de notre dévouement à la chose publique, bien persuadés que s'ils étoient dans le cas de faire des rapports au Conseil exécutif provisoire, qui nous fussent personnels, ils ne pourroient être qu'avantageux. Voilà comme nous nous bercions de ces idées consolantes, tandis que des ennemis impossibles à découvrir, ou des hommes injustes que nous ne connoissions pas, travailloient sourdement à notre perte.

Il étoit arrivé depuis quelque temps à Soissons, différentes personnes dont les intentions & les démarches mal connues, avoient fait naître des soupçons dans l'esprit de quelques observateurs raisonnables qui m'étoient attachés. Ces Envoyés, ordinairement très-dangereux, par le caractère de leur mission & celui de leurs fonctions, parcouroient les rues de Soissons, sans expliquer le motif de leur examen, en allant fréquemment du Camp à la Ville, & de la Ville au Camp. L'enveloppe mystérieuse dont ils cherchoient à se couvrir, fut percée bientôt par la sagacité des personnes honnêtes qui s'intéressoient à mon sort. Ces hommes nouveaux & suspects furent suivis, épiés, interrogés sans qu'ils s'en doutassent, & il résulta de l'aveu qui leur fut furpris, qu'ils étoient députés pour venir nous enlever l'Adjudant-général *Chadelas* & moi ; qu'ils en cherchoient le moment; qu'ils l'auroient déjà faifi, s'ils n'euffent craint un foulèvement dans le Camp & le pillage de la Ville ; qu'ils venoient d'envoyer pour prendre de nouveaux ordres, & favoir s'ils devoient rifquer actuellement notre arreftation ; qu'on leur avoit fait entendre qu'elle ne pouvoit avoir lieu qu'à la levée du Camp.

Cette confidence me fut rapportée mot pour mot, & je laiffe à juger de la nouvelle impreffion qu'elle me fit. Joignez-y celle que je caufois au peu de perfonnes à qui je fis cette confidence, car il falloit encore dévorer dans le filence ces horribles fecrets. Il fe trouvoit alors à Soiffons un Officier général arrivé depuis peu de jours ; il me parut avoir des relations directes & certaines avec les Députés de la Convention. Je le confultai ainfi que ceux du Confeil exécutif provifoire qui y réfidoient depuis long-temps ; tous convinrent des dangers qui me menaçoient, & leur conclufion fut que pour m'y fouftraire, il feroit peut-être prudent de donner ma démiffion. Il me fut préfenté le même jour de cette confultation, la feuille d'un Journalifte bien connu, répandue avec profusion dans le Camp, lequel, après s'être plaint du peu de succès dont devoit être contre l'ennemi le Camp de Soissons, sur les plaintes qui en avoient été portées, en attribuoit la cause à l'Adjudant & au Commissaire-général, en nommant le premier *infame*, & l'autre *scélérat*. Dans un autre temps nous aurions méprisé des inculpations aussi absurdes. Mais d'après le secret qui pesoit sur mon cœur, il étoit tout simple de croire à l'existence d'un complot dirigé contre nous deux. Lorsque je donnois cependant une attention profonde aux circonstances qui avoient précédé, aux principes que je professois, il me parut peut-être raisonnable de penser qu'on cherchoit à m'effrayer, & qu'on en vouloit plutôt à ma place qu'à ma personne. Résolu de céder l'une plutôt que d'avoir ma vie à disputer plus long-temps, fatigué de cette lutte continuelle où je me trouvois exposé depuis deux mois pour la défendre, & qui avoit assimilé quelques-uns de mes jours, à une lente agonie, je pris mon parti sur le champ, ce fut de renoncer à tout, & de venir à Paris offrir ma démission. Mais avant de quitter Soissons, il étoit juste que je cherchasse à acquérir des preuves matérielles de la nécessité de ma démarche, pour n'avoir point à me reprocher un jour d'avoir pris une réfolution d'après des rapports, ou faux ou exagérés, ou d'après des craintes mal placées. J'allai trouver le Maire de cette ville qui, cédant à mes inftances, m'avoua qu'en effet notre liberté, celle du Citoyen *Chadelas* & la mienne, avoit été cruellement compromife, qu'il étoit venu, le 16 feptembre au foir, deux perfonnes le réveiller à minuit pour lui propofer notre arreftation le lendemain matin, qu'il s'y étoit conftamment oppofé par l'intérêt que nous méritions l'un & l'autre, & la reconnoiffance que nous devoit la ville de Soiffons; il ajouta que fans la crainte du pillage de cette ville, ces deux Envoyés auroient déjà exécuté leurs deffeins; qu'ils avoient dépêché à Paris pour confulter fi on devoit attendre la levée du Camp; que lui Maire inftruit par le fatal exemple de *Curny*, n'avoit pas voulu nous expofer (*) aux mêmes malheurs.

Cette ouverture nouvelle, dont on a vu que je favois déjà tous les détails, acheva de me décider. Je me rendis à Paris, je trouvai le Miniftre *Servan* malade, je lui peignis notre fi-

---

(*) Voyez les Pièces juftificatives, N.º 13.

tuation, & je finis par lui offrir ma démiſſion :
il fut ſurpris autant qu'indigné, s'éleva contre
le projet de ma démiſſion, la refuſa obſtiné-
ment en me ramenant à de plus douces idées
en raiſon des circonſtances , puis que la
Convention nationale , dans une de ſes pre-
mières opérations, avoit confacré de nouveau
ce principe éternel de toute fociété, la ſûreté
des perſonnes & des propriétés. Il inſiſta ſur-
tout ſur l'utilité dont j'avois été & dont je
pouvois être encore pour la choſe publique,
& m'envoya au Miniſtre *Rolland*, pour lui
faire part du complot dirigé contre l'Ajudant-
général & moi. Ce Miniſtre, en m'écoûtant
avec le même intérêt, me montra la même
indignation, me donna une lettre pour la
Municipalité , qu'il me chargea de rendre publique, puiſque mon retour étoit décidé pour
Soiſſons : tout cela ſe fit en peu d'heures.
Je retournai le ſoir chez le Miniſtre de la
guerre qui me remit une lettre contraire au
projet de ma démiſſion, (*) & devant les
autres Membres du pouvoir exécutif qui l'en-
touroient, en renouvellant ſes inſtances pour
que je retournaſſe à un poſte où j'avois donné
juſqu'ici des preuves multipliées de mon utilité

─────────────────────

(*) Voyez les Pièces juſtificatives, N.º 14.

&

& de mon patriotifme ; il finit par m'encourager, dans les termes les plus confiants & les plus honorables.

J'avois laiffé ignorer à l'Adjudant-général le funefte motif de ma courfe ; mon retour le raffura ; il frémit en apprenant ce qui lui étoit perfonnel dans cette affaire. Les Corps adminiftratifs nous témoignèrent la plus grande fatisfaction, ainfi que les gens honnêtes de cette ville. Je remis à la Municipalité l'original de la Lettre du Miniftre *Rolland*, (*) qui fut dépofée dans fes regiftres. Elle nous promit fecours, afyle & défenfe, la Garde nationale de Soiffons en fit de même, ainfi que toutes les Autorités conftituées, & c'eft d'après ces affurances fi confolantes, & l'intérêt vrai que l'on n'a ceffé de nous témoigner, que nous avons été rendus à notre fécurité première.

Je termine ici une narration que j'ai cru néceffaire pour expliquer quelques détails d'une adminiftration difficultueufe, pour donner de mes principes & d'un travail prefque incroyable, une connoiffance entière, pour prouver enfin que fi la malveillance & la calomnie vouloient encore s'attacher fur

____

(*) Voyez les Pièces juftificatives. N.° 15 & 16.

nos pas, nous n'aurions pas mérité d'en être les victimes. Il me femble d'ailleurs, que dans des temps de révolution, tout fonctionnaire public doit mettre au grand jour fa conduite & fes fentiments.

F I N.

PIÈCES JUSTIFICATIVES.

N.º 1. Difcours fur la révolution qui vient d'arriver en France, lu & imprimé à Baftia, le 14 août 1789, par *Étienne Battini*, 50 pages.

N.º 2. Confidérations fur l'Adminiftration militaire, imprimées à Baftia, par *Étienne Battini*, dans l'année 1790, & adreffées, la même année, à l'Affemblée nationale conftituante, 2 vol. 400 pages.

N.º 3. *Copie de la Lettre du Miniftre de la guerre,* (Narbonne,) *à M.* Dorly, *Commiffaire-auditeur des guerres de la dix-neuvième Divifion, le 13 janvier 1791.*

Les loix judiciaires, Monfieur, rendues fur le Militaire, m'ont paru avoir befoin de quelques développements qui en affurent l'exécution. Je défirerois d'ailleurs que cette exécution fût foumife à un mode uniforme & général. L'ancienneté de vos fervices, & fur-tout les comptes avantageux qui m'ont été rendus de la conduite que vous avez tenue dans la Cour martiale de Sedan, m'ont déterminé à vous choifir pour faire ce travail, de concert avec un Officier de Gendarmerie nationale, verfé dans ces matières, & un Avocat attaché au Bureau de la guerre. En attendant que l'Officier que j'appelle pour être un de vos Coopérateurs, foit arrivé, vous voudrez bien, Monfieur, vous occuper de la rédaction des nouveaux Règlements concernant les fonctions des Commiffaires des guerres, en embraffant tout ce qui peut être relatif à leur fervice. Je ferois charmé, Monfieur, qu'un travail de cette importance me fourniffe une raifon de plus de réparer l'oubli dont vous vous plaignez, en profitant de la première occafion pour vous nommer à une place qui, dans l'organifation nouvelle des Commiffaires des guerres, a été donnée à quelques-uns de vos cadets. *Signé* DE NARBONNE.

N.º 4. *Copie de la Lettre du Miniftre de la guerre, (Grave,) adreffée à M. Dorly, Commiffaire-auditeur des guerres de la dix-neuvième Divifion, le 31 mars, l'an quatrième de la Liberté.*

Je vois, Monfieur, par la copie de la lettre que vous avoit écrite mon prédéceffeur, le 16 janvier dernier, les difpofitions dans lefquelles il étoit à votre égard, relativement au travail qu'il vous avoit confié. Les miennes fur votre compte ne doivent point changer, parce que je fuis perfuadé que M. *de Narbonne* ne s'étoit pas trompé dans fon choix. Je vous engage donc à continuer à vous occuper de la rédaction d'un Règlement concernant les Cours martiales, de concert avec les Perfonnes qu'il vous avoit allouées. Vous voudrez bien ne pas négliger en même-temps le fecond objet de fa lettre, relatif aux fonctions actuelles des Commiffaires des guerres, d'après leur nouvelle organifation. Je ferois fort aife que ce travail, en me mettant dans le cas de rendre compte de vos fervices, me fourniffe l'occafion de vous être de quelque utilité, & de continuer à vous rendre la juftice que M. *de Narbonne* vous avoit promife. *Signé* DEGRAVE.

P. S. de sa main :

L'objet de votre travail étant du plus grand intérêt, je vous exhorte à y mettre toute la célérité possible.

N.º 5. *Copie de la Lettre du Ministre de la guerre, (Servan,) à M. Dorly, Commissaire-auditeur des guerres de la dix-neuvième Division, en date du 14 mai, l'an quatrième de la Liberté.*

Je me suis fait représenter, Monsieur, les minutes des lettres que MM. de *Narbonne* & *de Grave*, mes Prédécesseurs vous ont écrites les 16 janvier & 31 mars dernier, & j'y ai vu les dispositions dans lesquelles ils étoient relativement au travail qu'ils vous avoient confié. Les miennes sur votre compte ne doivent pas changer, parce que je suis persuadé que ces deux Ministres ne s'étoient pas trompés dans leur choix. Je vous engage donc de continuer à vous occuper de la rédaction d'un Règlement concernant les Cours martiales, de concert avec les Personnes qu'ils vous avoient allouées. Vous voudrez bien ne pas négliger l'instruction particulière, relative à ces Tribunaux dans l'armée, & pendant la guerre. Il est essentiel qu'elle soit terminée le plutôt possible, ainsi que celle qui a pour objet les fonctions des Commissaires des guerres, d'après leur nouvelle organisation, qui seront employés dans l'armée. Je ne peux que m'en remettre à vous d'apporter à ce travail tout le zèle & toute la célérité dont vous êtes capable. Vous devez d'ailleurs être assuré que je ne perdrai pas de vue les services que vous rendez dans cette circonstance, & que je me ferai un plaisir de contribuer à les récompenser. *Signé* SERVAN.

N.º 6. Copie de la Lettre de M. Servan, Miniſtre, à M.
Dorly, &c. du 9 juin 1792.

J'ai reçu, Monſieur, la lettre que vous m'avez fait
l'honneur de m'écrire le 24 du mois dernier, pour m'an-
noncer que le projet d'inſtruction que vous avez fait,
relativement aux formalités à obſerver dans les Cours
martiales, d'après l'invitation de mes Prédéceſſeurs & la
mienne, eſt actuellement ſous preſſe. Le zèle & l'activité
que vous avez mis à la rédaction de ce projet, ne peuvent que juſtifier le choix particulier qui a été fait de
vous pour un objet de cette importance, & j'ai lieu de
préſumer que votre travail répondra à la confiance
que vous m'avez inſpirée ainſi qu'à mes Prédeceſſeurs.
Mais comme il eſt eſſentiel, avant de le rendre public,
que je l'examine avec la plus ſérieuſe attention, pour
que je puiſſe y faire les changements néceſſaires, je vous
prie de m'en envoyer un exemplaire, & d'en faire paſſer
au Comité central, ainſi qu'à M. *Berthier*. Je vous prie
auſſi de vous occuper ſans relâche du projet d'inſtruction
concernant les Cours martiales de l'armée, les Tribunaux
de police correctionnelle militaire, & les Juges de paix
établis à l'armée, par la Loi du 16 de ce mois. Cet objet
eſt très-urgent ; il demande toute votre attention & la plus
grande célérité. Dès qu'il ſera terminé, vous voudrez
bien également m'en envoyer des exemplaires, & en
faire remettre au Comité central & à M. *Berthier*.

Signé S E R V A N.

N.º 7. Atteſtation donnée à M. Dorly, *par la Municipalité*
de Sedan.

Nous ſouſſignés, Officiers municipaux de la ville de

Sedan, reconnoiſſons devoir à M. *Dorly*, Commiſſaire des guerres, le témoignage le plus authentique de ſa bonne conduite & de ſa bonne adminiſtration en cette qualité, pendant le temps qu'il a été employé dans cette Ville ; & que notamment dans le cours de l'inſtruction de l'affaire du quatre-vingt-dix-huitième Régiment à la Cour martiale, il a fait preuve d'une parfaite intégrité & d'une ſagacité peu commune ; en un mot, que dans toutes les circonſtances il a ſu concilier l'exactitude de ſes devoirs, avec les tempéraments que la loi pouvoit permettre. Fait en la Maiſon commune, à Sedan, le 24 novembre 1791. *Signé* LEMARIÉ, *Procureur de la Commune.* Joſeph BECHET. Édouard BECHET. PARSONDRAUX SAINT-PIERRE. BOIRE. TERNAUX. LEGARDÈME. LEROY. Et DUMONT.

N.º 8. *Certificat donné à M.* Dorly, *par les Membres du Conſeil d'Adminiſtration du quatre-vingt-dix-huitième Régiment, ci-devant Bouillon.*

Nous, Membres du Conſeil d'Adminiſtration du quatre-vingt-dix-huitième Régiment, ci-devant Bouillon, prévenus que les ordres du Miniſtre éloignoient de cette Diviſion, M. *Dorly*, Commiſſaire des guerres, profitons avec le plus grand empreſſement, de ce moment pour témoigner à cet Officier la satisfaction que le Régiment a eu de ſe trouver ſous ſa police, & le regret que nous éprouvons de ce que les circonſtances ne lui permettent pas de nous la continuer.

Nous lui exprimons en même-temps particulièrement notre reconnoiſſance ſur la tenue de la Cour martiale qui a eu lieu, le mois dernier, dans cette ville, dans laquelle M. *Dorly*, par ſa marche ferme & régulière,

par l'analyfe & la clarté de fon rapport, a décidé un
jugement éclatant ; ce jugement qui non-feulement a
arrêté l'infurrection naiffante, mais encore a mis & retient
aujourd'hui les foldats dans un état parfait de tranquillité.

Nous penfons que dans une circonftance où il falloit
faifir toutes les occafions qui pouvoient contribuer au
rétabliffement de la difcipline militaire, cet Officier a
fervi utilement la chofe publique, par la fenfation qu'avoit
produit la démarche des foldats mutinés, & par celle que
vient de faire la punition que la Cour martiale a pro-
noncée. Nous ne doutons pas que fous ce rapport inté-
reffant, l'Affemblée nationale, le Roi & l'Armée ne
rendent à M. *Dorly* la juftice qu'il mérite. En conféquence, déterminés par ces confidérations, après en
avoir délibéré, nous avons cru devoir dépofer dans cet
Arrêté un témoignage authentique des fentiments que
nous a infpirés la conduite de cet Officier.

Sedan, le 27 novembre 1791. *Signé* SIONVILLE.
SANSON. LECLAIRE. DERVILLE. WIMPHEN.

N.° 9. *Certificat de la Municipalité de Soiffons.*

Nous, Membres du Confeil-général permanent de la
Commune de Soiffons, certifions à tous qu'il appartien-
dra, que le Citoyen *Dorly*, Commiffaire-auditeur des
guerres de la dix-neuvième Divifion, employé au fervice
du Camp qui a été établi fous nos murs, dont le patriotifme étoit parfaitement connu, n'a ceffé de donner,
depuis la formation dudit Camp, les preuves les plus
foutenues de fon zèle & de fon activité pour le bien du
fervice qui lui étoit confié.

Que dans toutes les circonftances critiques qui fe font
préfentées, il n'a épargné aucun des moyens qui étoient

en son pouvoir pour le maintien de l'ordre & de la tranquillité publique ; que dans la journée du 10 septembre dernier, il a, par les sages précautions qu'il a prises, secondé les efforts du Conseil-général, & contribué beaucoup à sauver la vie à deux bons Citoyens qui étoient sur le point de la perdre ; qu'enfin le Citoyen *Dorly* s'est attiré à juste titre, par sa conduite, l'estime des Citoyens de cette Ville, en conciliant l'exactitude de ses devoirs avec les tempéraments que la loi pouvoit lui permettre. Nous nous empressons de lui rendre à cet égard toute la justice qui lui est due. En témoin de quoi nous lui avons délivré le présent Certificat pour lui servir & valoir ce que de raison.

Fait en la Maison commune de Soissons, le treize septembre 1792, l'an premier de la République Françoise. *Signé* PIOCHE, *Maire.* ROMAGNY. CHEVALIER. RINGARD. LEMBLIN. Et BÉGUIN, *Secrétaire.*

N.º 10. *Lettre du Ministre de la guerre, à M.* Dorly; *du 12 septembre 1792.*

J'ai reçu, Monsieur, la lettre que vous m'avez fait l'honneur de m'écrire le 5 de ce mois, & c'est avec beaucoup de peine que j'ai vu les inquiétudes que vous témoignez sur votre position. Je ne puis cependant les regarder comme fondées en aucune manière. Les soins que vous avez donnés à l'avantage de la chose publique, depuis que vous êtes employé à Soissons, les preuves multipliées de zèle, de patriotisme que vous avez montrées dans cette mission pénible & importante, doivent vous rassurer, & c'est avec bien de la satisfaction que je rends ici témoignage à vos services distingués. Je ne puis donc que vous engager à les continuer, & à montrer toujours la même activité. Je sais combien d'obstacles de tous genres vous pouvez rencontrer, mais c'est dans ces circonstances difficiles que l'on doit donner, par sa constance, plus de preuves d'un véritable civisme, & que l'on peut être le plus réellement utile, Je m'occupe au surplus des moyens de diminuer les difficultés que vous pouvez éprouver, en autorisant M. *de Chadelas* & vous, à correspondre directement avec M. *de la Bourdonnaye*, pour déterminer l'emplacement des Bataillons ou même des demi-Bataillons, à mesure de leur formation. Je prendrai aussi des mesures pour vous faire passer le plus promptement possible les effets qui peuvent vous manquer.

N.º 11. *Lettre du Ministre de la guerre, à M.* Dorly, *le 13 septembre 1792.*

J'ai reçu, Monsieur, la lettre que vous m'avez fait l'honneur de m'écrire le 10 de ce mois ; je la transmets au Général *Labourdonnaye*, aux ordres duquel vous vous trouvez. Recevez, Monsieur, mes remercîments pour la conduite intelligente, active & pleine de civisme que vous avez tenue depuis que vous êtes à Soissons ; je ferai, dans tous les temps, tout ce qui dépendra de moi pour vous en témoigner ma reconnoissance, au nom de l'intérêt public. *Signé* SERVAN.

N.º 12. *Lettre du Ministre de la guerre, à M.* Dorly, *le 15 septembre 1792.*

Je ne puis, Monsieur, donner trop d'éloges au zèle éclairé que vous apportez dans les opérations difficiles dont vous êtes chargé à Soissons. Je vous prie de faire tous vos efforts, & d'employer tous les moyens pour que les fubfiftances ne manquent pas aux troupes qui s'y portent. *Signé* S E R V A N.

N.º 13. *Copie du Certificat du Maire de la ville de Soiffons, & d'un Notable de la même Commune, expédié au Citoyen* Dorly, *Commiffaire-ordonnateur en chef de l'Armée de réferve, le 29 feptembre 1792, l'an premier de la République Françoife.*

Nous, Maire de la ville de Soiffons, certifions qu'il eft arrivé dans ce mois, le 17, deux Gendarmes nationaux porteurs d'ordres pour arrêter les Citoyens *Chadelas*, Adjudant - général, & *Dorly*, Commiffaireordonnateur, tous deux employés à l'Armée de réferve; qu'il étoit huit heures du foir, lorfqu'un des deux Gendarmes demanda à nous parler en particulier ; que fur l'exhibition du réquifitoire, nous remarquâmes qu'il étoit adreffé à toutes les Municipalités où lefdits deux Citoyens *Chadelas* & *Dorly* pourroient fe trouver ; qu'ayant réfléchi au malheur arrivé au Citoyen *Curny*, Commiffaire des guerres, que le Confeil général de la Commune avoit jugé à propos de faire arrêter, le 28 août précédent, en conféquence d'un pareil réquifitoire, & qui fut une des victimes de la journée du 2 feptembre, nous crûmes devoir éloigner l'effet du nouveau réquifitoire, en conféquence nous prîmes fur nous (feul) de dire que le nouveau réquifitoire prétendu émané de la Municipalité de Paris, n'étoit point en règle, en ce qu'il ne s'adreffoit pas à la Municipalité de Soiffons nommément ; que fur cela ledit Gendarme prit la pofte, & vint nous retrouver, vers le minuit du 18 au 19, avec un réquifitoire qui paroiffoit en règle, & qui s'adreffoit à nous ; qu'alors nous dîmes qu'il falloit en conférer avec le Confeil général de la Commune, en la féance de 11 heures du matin, à l'effet de quoi nous engageâmes les Gendarmes à garder le fecret ; qu'au lieu d'en déférer alors au Confeil général, nous en fimes part feulement au Citoyen *Romagny*, l'un des Notables, avec lequel nous prîmes le parti, pour gagner du temps, d'écrire que les Citoyens *Chadelas* & *Dorly* avoient befoin au Camp de Soiffons, l'un pour commander, & l'autre pour ordonner & payer les troupes ; que notre conduite dilatoire a été le feul & le plus fûr moyen d'épargner à ces deux Citoyens intéreffants la difgrace d'un voyage de Paris, dont les fuites paroiffoient devoir devenir auffi funeftes qu'au Citoyen *Curny*.

A Soiffons, le 29 feptembre 1792, l'an premier de la République Françoife. *Signé* LAMPON.

J'attefte les faits ci-deffus relativement aux objets pour lefquels je fuis rappellé. A Soiffons, le 29 feptembre 1792, l'an premier de la République Françoife.

Signé ROMAGNY.

N.º 14. *Copie de la Lettre du Miniftre de la Guerre, à M.* Dorly, *du 23 feptembre 1792.*

Je fuis très-éloigné, Monfieur, de confentir à ce que vous penfiez à votre démiffion ; vos anciens fervices & ceux dont vous venez de donner de nouvelles preuves depuis le raffemblement d'hommes qu'il y a eu à Soiffons, la manière fur-tout ferme & intelligente dont vous vous êtes montré, vous ont fait affez mériter de la chofe publique, pour que vous y reſtiez attaché, & que vous continuiez, avec le même zèle, des fonctions dont les difficultés me ſont parfaitement connues. J'ai été inſtruit qu'un eſprit de malveillance, & dont je ne connois pas les motifs, avoit cherché à vous donner des inquiétudes. Vous devez donc être ſans crainte, & vous devez même avoir dans ce moment-ci d'autant moins de ſujet d'appré-henſion, qu'une des opérations de la Convention natio-nale a été de mettre ſous la ſauve-garde de la Loi, les perſonnes & les propriétés, en ſorte qu'il n'y aura plus à craindre aucune arreſtation arbitraire, & qui n'aura pas été commandée par la Loi. Cette annonce doit faire la conſolation de tous les bons Citoyens. Ainſi je vous prie d'être perſuadé qu'en vous conduiſant comme vous le devez, vous trouverez ſous la ſauve-garde de la Loi, la protection qui vous eſt due & comme Citoyen & comme Fonctionnaire public. *Signé* SERVAN.

N.° 15. *Copie de la Lettre de M.* Rolland, *Miniſtre de l'intérieur, en date du 23 ſeptembre, l'an premier de la République Françoiſe, remiſe de la main à la main, à M.* Dorly, *par M.* Rolland *lui-même.*

Je ne puis, Meſſieurs, qu'applaudir aux meſures que vous avez priſes à l'égard des projets perfides d'arrêter MM. *Chadelas* & *Dorly*, Adjudant-général & Commiſ-ſaire-ordonnateur du Camp de Soiſſons. Je vous prie, Meſſieurs, & je vous enjoins de garantir toute perſonne, dans l'étendue de votre Municipalité, de la moindre atteinte contre ſa liberté, & de faire arrêter quiconque oſeroit attenter à celle d'un individu, à moins d'un pou-voir légal & légalement conſtaté par vous. Je vous donne cet ordre, Messieurs, sur votre responsabilité.

Signé ROLLAND, *Ministre de l'intérieur.*

Pour copie conforme. Signé DORLY.

Vérifié la présente copie sur l'original, nous l'avons trouvée conforme. L'original de cette lettre nous est resté comme adressé à nous, & comme nous étant utile pour les cas échéans. A Soissons, le 25 septembre, l'an premier de la République Françoise. *Signé* LAMPON, *Maire.* BOULLEFROY. VALOT. DELACROIX, FABUS. PETIT. LEVASSEUR. MAROLLE. DELIEGE, BELAIR. NODOT. ROMAGNY. HUET. PETIT, fils. BONNARD. LETELLIER. CARPETTE. BICHERON. PUJOL. Et BÉGUIN, *Secrétaire.*

N.º 16. *Copie de la Lettre écrite de la main du Maire, au Ministre Rolland, & signée de tous les Membres du Conseil général de la Commune de Soissons, en date du 26 septembre, l'an premier de la République.*

CITOYEN MINISTRE,

Votre lettre a fortifié nos sentiments & nos résolutions à l'égard des Sieurs *Chadelas & Dorly*, qui, s'étant acquitté de leurs fonctions sous nos yeux, ont excité notre reconnoissance, & captivé notre estime.

Nous n'avons pas cru que le Comité de Surveillance & Salut public de la Commune de Paris, eût anticipé sur nos droits ; il nous a seulement requis d'exercer les nôtres sur sa dénonciation.

Fondés sur vos intentions, nous avons promis à ces Officiers généraux toute sûreté dans nos murs, &c.

FIN.